Klemmentinis im Frühjahr

Klein aber oho, das sind die Klemmentinis. Eben noch eine herkömmliche Wäscheklammern wird daraus mit etwas Farbe, Papier und witzige Accessoires ein sympathischer Frühlingsbote.

Dieser klemmt an Geschenken, überbringt eine liebe Botschaft, ziert den Osterstrauß oder bringt die bunte Farbenpracht der frisch erblühten Natur auf den Frühstückstisch.

Ob zum Verschenken oder Selberbehalten – Klemmentinis machen einfach Spaß!

Ihre

Pia Pedevilla

Die Motive lassen sich in folgende Schwierigkeitsgrade unterteilen:

● ○ ○ einfach ● ● ○ etwas schwieriger ● ● ● anspruchsvoll

IHRE GRUNDAUSSTATTUNG

Diese Materialien und Werkzeuge werden häufig verwendet. Sie sollten sie zur Hand haben, denn sie werden in den Materiallisten nicht gesondert aufgeführt.

- festes Transparentpapier (für Schablonen)
- feine Filzstifte in Rot und Schwarz (für Augen und Münder)
- Lackmalstift in Weiß (zum Malen der Lichtpunkte)
- weicher Bleistift, Radiergummi
- Alleskleber Kraft, Klebestift, Heißklebepistole, Holzleim, z. B. UHU
- mittelgroße, spitze Schere
- Zackenschere, Nagelschere
- Cutter mit geeigneter Schneideunterlage
- Pinsel in verschiedenen Größen
- Wasserglas, Plastikteller
- Buntstifte und Filzstifte in verschiedenen Farben
- Nadel und Faden in verschiedenen Farben
- Prickelnadel
- Klebepads oder Abstandsband
- feines Schmirgelpapier
- Schaschlikstäbchen

Hinweis: Die Klemmseite der Wäscheklammer ist auf dem Vorlagenbogen immer mit einem X gekennzeichnet. Achten Sie darauf, denn die Köpfchen werden manchmal anders herum aufgesetzt.

Übrigens: Mit „Rest" ist immer ein Stück gemeint, das maximal A5 groß ist.

So wird's gemacht

1 Alle Motivteile ohne Überschneidungen vom Vorlagenbogen auf Transparentpapier übertragen und ausschneiden. Diese Schablonen auf Fotokarton oder Filz auflegen, mit Bleistift oder Kugelschreiber (bei Filz) umfahren und die Teile ausschneiden.

2 Die Wäscheklammern auf der späteren „Körperseite" mit Acrylfarbe bemalen oder mit Fotokarton überkleben. Die Grundfarbe vor dem Auftragen weiterer Farben immer gut trocknen lassen. Ungeduldige verkürzen die Trockenzeit mit einem Föhn. Farbpunkte werden mit der Rückseite eines Schaschlikstäbchens oder mit einem Pinselstiel aufgetupft, Linien mit einem feinen Pinsel gezogen.

3 Zum Übertragen der Gesichtslinien die Vorlage auf Transparentpapier zeichnen, das Blatt wenden, die Linien mit einem weichen Bleistift nachziehen und diese Seite auf das Werkstück legen. Mit einem Stift noch einmal alle Linien nachzeichnen, so wird die Bleistiftlinie übertragen. Münder, Augen und andere Gesichtslinien mit Filzstift aufmalen. Die Wangen und andere Teile mit Buntstift leicht schattieren. Dazu mit einem Messer oder feinem Schmirgelpapier etwas Farbe von einer Buntstiftspitze schaben und das Pulver mit den Fingern verreiben.

1

2

3

Tipps und Tricks

- Im Buch wurden Holzwäscheklammern in verschiedenen Größen verwendet: die normalen 7 cm langen, die Miniklammern mit 4,5 cm Länge, Riesenwäscheklammern mit einer Länge von 15 cm und Rundkopfklammern. Für Wäscheklammern in einer anderen Größe einfach die Vorlagen im Kopiergeschäft nach Bedarf vergrößern bzw. verkleinern.
- Zum Ausschneiden kleiner Motive am besten eine Nagelschere verwenden.
- Für die Hände und Füße der Figuren werden aufgefädelte Holzkugeln oder Teile aus Papier verwendet. Variieren Sie nach Belieben.
- Die Gesichtchen der kleinen Klammerfiguren sind aus Papierteilen gemacht oder es sind bemalte Holzplatinen und Holzhalbkugeln.
- Die Klammern sind teilweise bemalt oder mit Papier überklebt. Verwenden Sie das Material, das Sie zur Verfügung haben.

Spartipp: Viele Figuren haben Beine und Arme aus buntem Papierdraht (ø 1,5 bis ø 2 mm). Sie können aber auch hellen Draht in der gewünschten Farbe bemalen.
Dazu den Draht auf eine Zeitung legen und mit einem dicken Pinsel zuerst auf einer Seite die Farbe auftragen und nach dem Trocknen auf der anderen. Auch naturfarbene Rohholzkugeln für Füße und Hände können in der gewünschten Farbe bemalt werden. Zum Bemalen am besten auf ein Schaschlikstäbchen stecken.

MOTIVHÖHE
ca. 20 cm

MATERIAL

- Riesenholzwäscheklammer, 15 cm lang
- Fotokartonreste in Hellgrün, Rot, Pink, Weiß und Gelb
- Motivkartonrest in Gelb mit weißen Punkten
- Chenilledraht in Hellgrün, ø 6 mm, 18 cm (Arme) und 4 cm lang (Hals)
- 3 Klebepunkte in Gelb, ø 8 mm
- Blumendraht in Silber, ø 0,35 mm, 30 cm lang
- Motivlocher: Blume
- Metallkännchen und -gießkanne, ca. 4 cm hoch

VORLAGENBOGEN 1A

Froschkönig

→ sucht seine Prinzessin

1 Die Klammer laut Abbildung oben grün, den Rest rot überkleben und dort die pinkfarbenen Streifen anbringen.

2 Den Beinen die Linien aufzeichnen und sie in die Klammer kleben, die Händchen am Chenilledraht fixieren und diesen ebenso in die Klammer kleben.

3 Mit der Zirkelspitze die Halskrause mittig einstechen, den Chenilledrahthals durchstecken, dahinter hochbiegen und an der Klammer fixieren.

4 Die Augen mit etwas Abstandsband aufsetzen, die Gesichtslinien zeichnen und den Kopf an das Halsstück kleben. Die kleine Krone an der Rückseite anbringen.

5 Das Kartonschild farbig umrahmen, beidseitig einen eingedrehten Silberdraht durchstecken, die Enden mit dem Rest verdrehen und um den Hals legen.

Motivvariante: Als Briefehalter die Händchen um ein schwarz bemaltes Schaschlikstäbchen kleben, dies beidseitig mit aufgesteckten bemalten Wattekugeln, ø 2,5 cm, schließen und einen Nylonfaden zum Aufhängen anknüpfen.

Danke fürs
Blumengießen

MOTIVHÖHE
ca. 18 cm

MATERIAL JE FIGUR
- 3 Holzwäscheklammern, 4,5 cm lang
- Fotokartonreste in Weiß, Rosa und Schwarz
- Acrylfarbe in Türkis und Blau (Fotorahmen) bzw. Violett und Pink (Schachtel und Tütenverschluss)

ZUSÄTZLICH FOTORAHMEN
- fester Karton, 16 cm x 12 cm
- Aludraht in Schwarz, ø 1 mm, 8 cm lang
- Satinband in Rot, 3 mm breit, 20 cm lang
- Metallglöckchen, ø 1,6 cm
- 2 Bilderösen, 1 cm breit

SCHACHTEL
- Pappmachédose, 12,5 cm x 12,5 cm
- Tonpapierrest in Türkis
- Aludraht in Schwarz, ø 1 mm, 8 cm lang
- Klebepunkt in Gelb

TÜTENVERSCHLUSS
- Klarsichttüte, ca. 8 cm x 20 cm
- Tonpapierrest in Violett
- Aludraht in Schwarz, ø 1 mm, 8 cm lang
- Tonpapierrest in Lila
- Klebepunkt in Gelb

VORLAGENBOGEN 1A

Kuh-Trio

→ „kuhle" Geschenkideen

1 Das rosa Maulteil auf die weiße Kopfform kleben, die Gesichtslinien zeichnen und die Wangen mit rotem, die Hörner mit schwarzem Buntstift leicht schattieren. Eine Klammer schwarz bemalen und den Kopf darauf setzen.

2 Die Klammern für die Beine in der entsprechenden Grundfarbe bemalen und nach dem Trocknen die Streifen ziehen. Die Kartonhufe aufsetzen.

3 Eventuell ein Stück Aludraht durch die Mundlinie stechen und eine Blume mit gelbem Mittepunkt am Ende aufsetzen.

4 Beim Fotorahmen mit einem Cutter das Innenrechteck entfernen und mit Filzstift die Fellflecken aufmalen. Die Schwanzquaste auf eingedrehten Aludraht und das rosa Euter an der Rahmenrückseite fixieren. Den Kopf und beide Beine und gleichzeitig das Foto einklammern. Das Glöckchen auf das Satinband fädeln, zusammenbinden und mit einklammern.

5 Bei der Schachtel die schwarzen Flecken aufmalen und Kopf und Beine dazuklammern.

6 Für den Tütenverschluss die gefüllte Tüte mit den beiden Beinchen und dem Kopf schließen.

Milka
NAPS
ALPENMILCH

DANKE!
FÜR ERIKA
edding

Freundliche Blüten

→ Karte, Fotorahmen und Blumentopf liebevoll geschmückt

Blüten

1 Die Blüte in der gewünschten Farbe ausschneiden, das Gesicht auf den Innenkreis zeichnen und diesen mit Abstandsband aufsetzen. Für das Gänseblümchen rechts einen Tonpapierkreis mit Buntstiften in verschiedenen Farbtönen vom Mittelpunkt nach außen bemalen, den Rand fransig einschneiden und die Mitte mit dem kleinen Kartongesichtchen überkleben.

2 Die Klammer türkis anmalen und mit der Pinselrückseite nach dem Trocknen die Punkte aufsetzen.

3 Die Blätter in zwei unterschiedlichen Grüntönen mit farbiger Mittellinie versehen und Blüte und Blätter an die Klammer kleben.

Karte

Für die Karte die Ränder des Kartonrechteckes zackig schneiden, auf die Frontseite der Doppelkarte kleben und mit einem Cutter auf einer geeigneten Unterlage das Innenteil entfernen. Die Innenseite beschriften und die Blüte einklammern.

Fotorahmen

Für den Fotorahmen den Karton blau überkleben, die Kanten bündig wegschneiden und das Innenteil mit einem Cutter entfernen. Die Punkte auftupfen. Das Foto auf einen gelben Karton aufkleben und einen schmalen Rand stehen lassen. Auf weißen Karton kleben und diesen an der Rahmenrückseite fixieren. Mit zwei Bilderösen aufhängen und die Blüten dazuklammern.

Tontopf

Den Tontopf weiß grundieren (sonst leuchten die Farben nicht schön) und den Rand nach dem Trocknen hellblau anmalen, den Rest gelb. Ein weißes Schildchen hellblau unterlegen und mit der Blüte an den Rand klammern.

MOTIVHÖHE
Blüte ca. 8 cm

MATERIAL

BLÜTE
- Holzwäscheklammer, 7 cm lang
- Fotokartonreste in Weiß, Gelb, Hellgrün, Grün und Hellblau
- Tonpapierrest in Weiß
- Acrylfarbe in Türkis und Grün

KARTE
- Doppelkarte in Blau, 11 cm x 14,8 cm
- Fotokartonrest in Hellblau

FOTORAHMEN
- fester Karton, 18 cm x 18 cm
- Fotokarton in Blau, A4
- Fotokartonreste in Gelb und Weiß
- Acrylfarbe in Hellblau
- 2 Bilderösen, 3,2 cm breit

BLUMENTOPF
- Tontopf, ø 5 cm
- Fotokartonreste in Weiß und Türkis
- Acrylfarbe in Weiß, Gelb und Hellblau

VORLAGENBOGEN 1A

Bienchen und Käferchen

→ kleine Käfer ganz stark als Notizblockhalter

MOTIVHÖHE
ca. 20 cm

MATERIAL

- Notizblock, 8 cm x 12 cm
- Fotokartonreste in Rot, Hellblau und Weiß
- Tonpapierreste in Schwarz, Braun und Rot
- gemusterter Transparentpapierrest in Azurblau
- 2 Holzwäscheklammern, 4,5 cm lang
- 2 Holzperlen in Hellblau, ø 1 cm
- 2 Holzplatinen, ø 2 cm
- 4 Holzfüße, 2 cm lang
- 4 Rohholzkugeln, ø 7 mm
- Knopf in Rot, ø 1 cm
- Papierdraht in Rot und Gelb, je 8 cm (Hände), 4 cm (Füße) und 2 cm lang (Hals)
- Aludraht in Schwarz, ø 1 mm, 4 x 8 cm lang
- Blumendraht in Weiß, ø 0,35 mm, 1 m lang
- Acrylfarbe in Gelb, Rot, Braun, Hautfarbe und Schwarz
- Schaschlikstäbchen, 16 cm lang

VORLAGENBOGEN 1B

1 Die Körperseite der Wäscheklammern bemalen und die Halskrausen aus Tonpapier und beim Marienkäfer zusätzlich den Knopf aufkleben.

2 Die Flügel an der Klammerrückseite fixieren, beim Marienkäfer zuvor mit Filzstift bemalen.

3 Die Holzperlen und -füße bemalen, an den Papierdrahtenden fixieren und den Draht in der Klammer festkleben.

4 Die Holzplatinen in der Grundfarbe bemalen, die Haube aufmalen und die Gesichtslinien zeichnen. Dann den Kopf an ein Papierdrahtstück und dieses in die Klammer kleben.

5 Für jedes Tier zwei Aludrahtstücke um einen Bleistift wickeln, die Locken auseinanderziehen und an der Kopfrückseite fixieren. Dem Marienkäfer noch den kleinen Hut aufsetzen.

6 Zum Aufhängen der zwei Tierchen ein ca. 20 cm langes Stück weißen Draht um ein Schaschlikstäbchen wickeln, zurechtziehen und die Enden durch die Drahtspirale der Klemmentini-Tiere stecken und mit dem Restdraht verwickeln.

7 Das Schaschlikstäbchen durch die Spirale des Notizblockes schieben und Holzperlen auf die Enden des Stäbchens aufstecken. Die Biene und den Marienkäfer daran festklammern.

8 Für die herabhängende Blume die weiße Blütenmitte auf die Kartonblüte kleben und darauf die Transparentpapierblüte setzen. Durch diese zuvor kreuzförmig Draht stecken und die Enden verdrehen. Die Blume an ein gelocktes Drahtstück kleben und an dem Holzstäbchen fixieren.

14.5 – Dienstag
Claudia anrufen!

FROHE OSTERN

MOTIVHÖHE
ca. 15 cm

MATERIAL TÜRSCHILD

- 2 Holzwäscheklammern, 4,5 cm lang
- Fotokartonreste in Hellgrün, Rot, Hellbraun, Weiß und Gelb
- 4 Rohholzkugeln, ø 1 cm
- 4 Holzfüße, 2 cm lang
- Acrylfarbe in Hellbraun, Gelb, Orange, Türkis und Violett
- Satinband in Rot und Hellgrün, 6 mm breit, 10 cm lang
- Papierdraht in Natur, ø 2 mm, 2 x 14 cm (Beine), 2 x 10 cm (Arme) und 2 x 2 cm lang (Hals)
- 2 kleine Zuckereier
- Aufhängefaden

GESCHENK-VERPACKUNG

- Pappmachétäschchen, 7 cm x 7 cm
- 2 Wäscheklammern, 7 cm lang
- Paketpapierrest
- Fotokartonrest in Rot
- Blumendraht in Schwarz, ø 0,5 mm, 6 x 7 cm lang

VORLAGEN-BOGEN 1B

Hasen

→ Türschild und Geschenkverpackung

Türschild

1 Die Holzklammern, die Rohholzkugeln und die Holzfüße in der entsprechenden Farbe bemalen. Nach dem Trocknen die Hände und Füße mit etwas Klebstoff auf die Papierdrahtstücke schieben und die Arme im Klammerinneren, die Beine an der Klammer fixieren.

2 Die Hosen mit farbigen Punkten dekorieren und das Halsstück oben in die Klammer kleben.

3 Das Hasengesichtchen gestalten, an das Halsdrahtstück kleben, ein Stück Satinband herumwickeln und fixieren. Die Zuckereier ankleben.

4 Beide Häschen mit dem aufgeklebten Aufhängefaden verbinden. Das Schild doppelt nehmen, das untere Teil mit leicht vorschauendem Rand ausschneiden, beschriften und einklammern.

Geschenkverpackung

1 Die Ohren aus Paketpapier doppelt zusammenkleben und dann an den Wäscheklammern fixieren.

2 Die Gesichtslinien auf die Tasche zeichnen und die Nase mit einem weißen Lichtpunkt mit Abstandsband aufsetzen.

3 Mit der Zirkelspitze die Löcher für die Schnurrbarthaare stechen, den Blumendraht einstecken und an der Rückseite mit Heißkleber fixieren.

Tipp: Gefüllt mit bunten Schokoeiern wird das Hasentäschchen ein süßes kleines Geschenk!

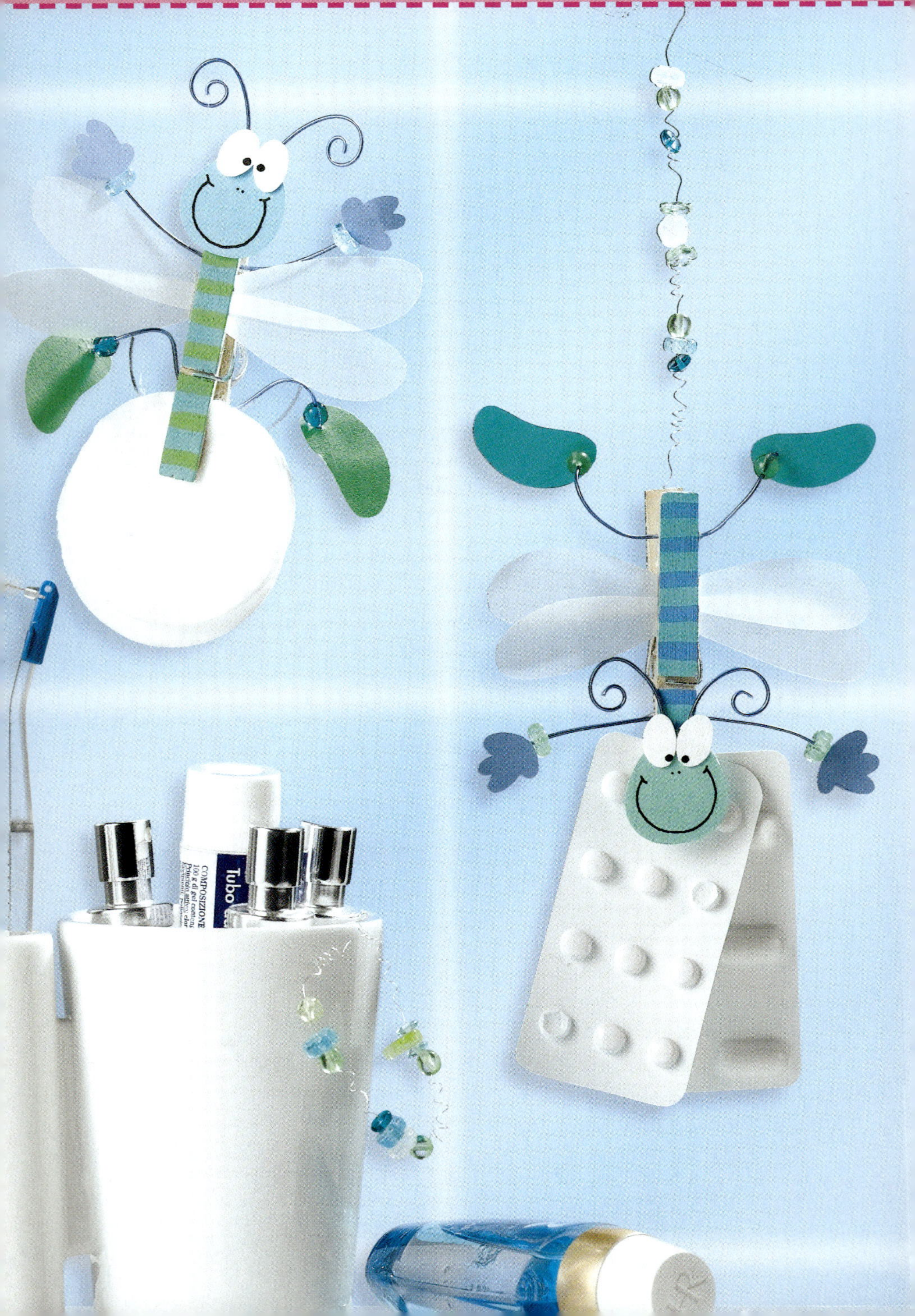
COMPOSIZIONE
Tubo

Libellen

→ machen sich nützlich im Badezimmer

1 Die Klammer in der Grundfarbe bemalen und nach dem Trocknen die andersfarbigen Streifen ziehen.

2 Die Aludrahtstücke für Arme und Beine zurechtbiegen und dann in die Klammer kleben. Auf Arme und Beine jeweils eine Glasperle stecken. Die Händchen einfach auf das Drahtende kleben, die Füße durchstechen, den Aludraht darunter etwas hochbiegen und mit Heißkleber fixieren.

3 Die Fühler eindrehen und auf die Klammer kleben. Darüber das gestaltete Gesichtchen und die beiden Augen fixieren.

4 Den Flügelansatz knicken und die Flügel mit dem so erhaltenen Falzstreifen seitlich an die Klammer kleben.

5 Für die rechte Libelle einen Teil des Blumendrahtes um ein Schaschlikstäbchen wickeln, einige Glasperlen auffädeln, dann wieder ein Stück um das Stäbchen wickeln und Perlen aufziehen. So fortfahren, bis die gewünschte Länge erreicht ist. Diese Aufhängung bzw. den Saugknopf bei der linken Libelle mit Kraftkleber an der Klammerrückseite fixieren.

MOTIVHÖHE
ca. 13 cm

MATERIAL
- 2 Holzwäscheklammern, 7 cm lang
- Fotokartonreste in Türkis, Helltürkis, Hellblau, Hellgrün und Weiß
- Tonpapierrest in Mittelblau
- Transparentpapierrest in Weiß
- Acrylfarbe in Hellblau, Türkis und Hellgrün
- Aludraht in Hellblau, ø 1 mm, 6 x 9 cm lang
- Blumendraht in Silber, ø 0,35 mm, 30 cm lang (rechte Libelle)
- verschiedene Glasperlen in Grün und Türkis (rechte Libelle)
- Saugknopf (linke Libelle)

VORLAGENBOGEN 1B

Zwerg und Früchte

→ witziger Kräuterstecker und fruchtige Kühlschrankmagnete

MOTIVHÖHE
Zwerg ca. 10 cm
Früchte ca. 6 cm bis 7 cm

MATERIAL ZWERG
- Holzwäscheklammer, 7 cm lang
- Fotokartonreste in Rot, Pink, Schwarz, Hautfarbe, Weiß und Hellgrün
- Tonpapierreste in Weiß und Grün-Weiß gestreift
- Papierdraht in Natur, ø 2 mm, 2 x 2 cm (Arme) und 2 x 3 cm lang (Beine)
- Schaschlikstäbchen
- Schleifenband in Rot-Weiß kariert, 5 mm breit, 10 cm lang

FRÜCHTE
- 2 Miniwäscheklammern, 4,5 cm lang
- Fotokartonreste in Rot, Pink, Hellgrün, Grün und Weiß
- Papierdraht in Natur, ø 2 mm, 10 cm lang (nur für Kirschen)
- 2 Scheibenmagnete, ø 1,2 cm

VORLAGENBOGEN 1B

Zwerg

1 Die Klammer bis zum Drahteinsatz mit Tonpapier mit senkrecht verlaufenden Streifen überkleben. Die Hose darüber setzen und die Beinchen mit aufgeklebten Schuhen an ihrer Rückseite fixieren.

2 Die waagerecht gestreiften Ärmel aufsetzen, dahinter die Arme mit den angeklebten Händen.

3 Das Gesicht gestalten und dann das Köpfchen auf den Körper kleben. Den Bart, die Zipfelmütze und die Nase ergänzen.

4 Das weiße Oval auf grünen Karton kleben, diesen mit einem schmalen Rand wegschneiden und das Schild an das Schaschlikstäbchen kleben. Das karierte Band zu einer Schleife knüpfen und ankleben.

Früchte

1 Das rote Radieschenteil auf das weiße kleben. Die beiden Krautteile auf der Klammer fixieren und das Radieschen aufsetzen. Die Lichtpunkte mit Lackmalstift aufsetzen.

2 Die Kirschen an die Enden des Papierdrahtes kleben, diesen in der Mitte biegen und auf der Klammer fixieren. Darüber die beiden Blätter setzen.

3 Auf der Rückseite der Klammern die Magnete befestigen.

Tipp: Auch die Etikette am Konfitürenglas kann mit der entsprechenden Obstsorte dazugeklammert werden. Schauen Sie die Form der Früchte der Natur ab.

Zutaten für 10 Personen:
1 kg Erdbeeren
100 g Puderzucker
200 g Sahne
500 g Mascarpone
BASILIKUM
12.4.

Freche Würmchen

→ machen sich als Notizklammern nützlich

MOTIVHÖHE
ca. 18 cm

MATERIAL WÜRMER

- 2 Holzwäscheklammern, 7 cm lang
- Fotokartonreste in Pink, Türkis, Helltürkis, Blau, Hellblau, Hellgrün, Gelb, Weiß und Violett
- Acrylfarbe in Hellgrün und Hellblau
- Aludraht in Schwarz, ø 2 mm, 2 x 10 cm lang
- Papierdraht in Weiß, ø 2 mm, 2 x 12 cm lang
- 2 Velourzylinder in Schwarz, ø 1,2 cm
- 2 Saugknöpfe

SONNE

- kleine Holzwäscheklammer, 4,5 cm lang
- Fotokartonrest in Gelb
- Saugknopf

VORLAGENBOGEN 1B

Würmer

1 Die Wäscheklammern mit dem Kartonkörper überkleben, die farbigen Punkte mit dem Pinselstiel auftupfen und mit der gleichen Farbe den Papierdraht bemalen. Die Fliegenteile aufkleben.

2 Die Gesichtslinien zeichnen, die Augen mit Lackmalstiften malen und das Velourhütchen ankleben. Das Köpfchen an der Klammer fixieren.

3 Das bemalte Papierdrahtstück durch die Metallspirale stecken und seine Enden umbiegen.

4 Auf dem Regenschirm die weißen Lackmalstiftstreifen ziehen und das Aludrahtstück so an der Rückseite fixieren, dass eine kurze Spitze oben vorschaut. Den unteren Teil in Griffform biegen.

5 Den Wurm mit den Papierdrahtschleifen an den Schirm hängen und an dessen Rückseite den Saugknopf fixieren.

Sonne

1 Das Sonnengesicht auf den Innenkreis zeichnen und mit etwas Abstandsband auf den Strahlenkreis kleben.

2 Die kleine Klammer für Notizzettel und den Saugknopf an der Rückseite anbringen.

Motivvariante: Mit einigen Würmern in beliebigen Farben kann ein witziges Mobile entstehen. Dafür einen Mobilestab seitlich mit zwei aufgeschobenen Holzkugeln schließen. Die Sonne in der Mitte aufkleben. Die Fäden durch die Schirme stechen, an der Wolkenrückseite hochziehen und am Stäbchen befestigen.

FREITAG:
Fußball!
12.5.
OMAS
GEBURSTAG!
TREFFEN!

Kinder, Kinder

→ bringen Farbe in den Alltag

MOTIVHÖHE
ca. 10 cm

MATERIAL
- 4 Holzwäscheklammern, 7 cm lang
- Fotokartonreste in Hautfarbe, Hellgrün, Violett, Hellblau, Blau, Gelb, Orange, Weiß, Rot, Pink und Braun
- Aludraht in Schwarz, ø 1 mm, 4 x 7 cm lang (pro Kind)

VORLAGENBOGEN 2A

1 Die Wäscheklammern jeweils mit dem farbigen Fotokartonstreifen überkleben und die Punkte bzw. Streifen aufsetzen.

2 Die Gesichtslinien zeichnen und Haarteile sowie Schleifen anbringen. Die fertigen Köpfchen fixieren und Hose bzw. Röckchen aufkleben.

3 Arme und Beine aus Aludraht fixieren und in die gewünschte Form biegen. Die Schildchen beschriften, an den entsprechenden Stellen mit einer Zirkelspitze oder Prickelnadel lochen und über die Handschlingen schieben.

Tipp: Farben, Köpfchen und die Position derselben können beliebig ausgetauscht werden. Ob die Klammer am Kopf- oder Kleidende liegt, hängt von der Funktion ab, die sie später haben soll. Die Kinder hängen an Pappbechern, halten Geburtstagskerzen und Servietten oder schmücken ein Paket.

iVAN
FÜR DICH
iNGRID

Henne und Hase

→ Osternester ganz schnell gemacht

MOTIVHÖHE
ca. 34 cm

MATERIAL HENNE

- Holzwäscheklammer, 7 cm lang
- Fotokarton in Weiß, A4
- Fotokartonreste in Gelb und Pink
- Acrylfarbe in Rot
- Flechtkörbchen, 15 cm x 15 cm

HASE

- 5 Holzwäscheklammern, 7 cm lang
- Fotokarton in Gelb, A4
- Fotokartonrest in Pink
- Acrylfarbe in Gelb, Weiß und Violett
- Teller in Türkis, ø 20 cm

VORLAGENBOGEN 2A

Henne

1 Die Einzelteile schattieren, das Köpfchen gestalten und den Schnabel aufkleben. Dem pinkfarbenen Kamm mit rotem Filzstift Punkte auftupfen und an der Kopfrückseite fixieren.

2 Die Klammer rot bemalen und das Köpfchen darauf fixieren.

3 Den Kopf an den Korbrand klammern, die Füße an der gegenüberliegenden Seite ankleben und die Flügel mit einem Falzstreifen im Korbinneren fixieren und in Form biegen. Das Nest füllen.

Hase

1 Die Einzelteile ausschneiden und die Ränder mit Buntstift leicht schattieren. Die Gesichtslinien ziehen, den Nasenkreis aufkleben und das Köpfchen mit etwas Klebstoff auf die gelb bemalte Klammer setzen.

2 Vier Klammern weiß bemalen und nach dem Trocknen die violetten Streifen ziehen. Die Hasenpfoten aufsetzen.

3 Alle Teile an den Tellerrand klammern und das Nest nach Belieben füllen.

Katz' und Maus

→ Schlüsselbord

MOTIVHÖHE
ca. 8 cm

MATERIAL KATZE
- Riesenholzwäscheklammer, 15 cm lang
- Fotokartonreste in Weiß, Orange, Pink und Hellgrün
- Blumendraht in Schwarz, ø 0,35 mm, 3 x 15 cm lang
- 3 gebogene Schraubenhaken, 2 cm lang

PRO MAUS
- Rohholzfigurenkegel, 5 cm hoch
- Holzwäscheklammer, 4,5 cm lang
- Tonpapierreste in Hellgrau und Rosa
- Acrylfarbe in Hellgrau und Grün
- Plastikhalbperle in Schwarz, ø 6 mm
- Papierdraht in Weiß, ø 2 mm, 10 cm lang

VORLAGENBOGEN 2A

Katze

1 Die Klammer mit dem weißen Körperteil überkleben und die Fellflecken mit Filzstift auftragen. Beidseitig an der Klammerrückseite ein Beinchen und den orangefarbenen Schwanz ankleben.

2 Das weiße Schnauzenteil auf die orangefarbene Grundform kleben. Nase und Augen aufsetzen und Punkte und Flecken malen. Die Aludrahtstücke als Schnurrbarthaare durchstecken, die Löcher mit einer Zirkelspitze vorstechen.

3 Das fertige Köpfchen mit etwas Abstandsband an die Klammer kleben.

4 Die Schraubenhaken eindrehen und das Bord mit Nylonfaden oder einer farbigen Kordel aufhängen.

Maus

1 Den Holzkegel und das Papierdrahtstück für das Schwänzchen in der gleichen Farbe bemalen.

2 Die Plastikhalbperle als Nase aufsetzen, die Augen malen, die Ohren mit Heißkleber ankleben und an der Kegelrückseite das in Form gebogene Schwänzchen fixieren.

3 Die Halskrause umlegen, die Schnittflächen leicht übereinanderschieben und zusammenkleben.

4 Das Mäuschen direkt auf die Riesenklammer kleben oder eine kleine Holzklammer bemalen und die Maus dort aufsetzen.

Für Mama und Papa

→ Geschenke für Mutter- und Vatertag

MOTIVHÖHE
ca. 20 cm

MATERIAL
- 6 Holzwäscheklammern, 4,5 cm lang
- Fotokarton in Weiß und Rot, A4
- Fotokartonreste in Hautfarbe, Braun, Schwarz, Grün und Hellblau
- Papierdraht in Gelb, ø 2 mm, 4 x 3 cm lang
- Motivlocher: kleine Blüte

VORLAGENBOGEN 2B

1 Das Kartonrechteck mittig falten und ein andersfarbiges Herz an der Vorderseite aufkleben.

2 Die Gesichtslinien zeichnen. Die Haare aus Karton (Frau) oder Papierdraht (Herr) aufkleben und den Zylinder mit silbern gemaltem Hutband darüber setzen. Der Frau die Blüte ins Haar kleben.

3 Zwei kleine Klammern mit einem hautfarbenen Kartonstreifen überkleben und die fertigen Gesichtchen aufsetzen. Kragen und gepunktete Fliege anbringen.

4 Die Armklammern hellblau bzw. schwarz überkleben und die Hände daran fixieren.

5 Alle Teile an das Kärtchen klammern.

Motivvariante: Auch ein Geldgeschenk zur Hochzeit lässt sich mit den beiden Figuren gut dekorieren. Einfach die Köpfchen und jeweils einen Arm eng beisammen an einem Briefumschlag fixieren. Zusätzlich ein Herzchen aufkleben (siehe unten).

Osterboten

→ farbenfrohe Osterstrauß- und Nestchendeko

MOTIVHÖHE
Straußdeko ca. 8 cm
Nestchenklemmen ca. 13 cm

MATERIAL STRAUSSDEKO

- 2 Holzwäscheklammern, 4,5 cm lang
- 2 Holzplatinen, ø 2 cm
- Fotokartonreste in Weiß, Gelb, Pink, Violett und Blau
- Tonpapierreste in Rot und Gelb
- Acrylfarbe in Hellgrün, Hellblau, Gelb und Weiß
- Papierdraht in Weiß, ø 2 mm, 2 x 2 cm lang

NESTCHENKLEMMEN

- 2 Rundkopfklammern, 10 cm lang
- Fotokartonrest in Weiß
- Tonpapierreste in Gelb, Blau und Hellgrün
- Acrylfarbe in Gelb, Blau, Hellgrün, Hellviolett und Pink
- Motivlocher: kleine Blüte

VORLAGENBOGEN 2B

Straußdeko

1 Das Platinenköpfchen weiß bemalen und nach dem Trocknen das Auge zeichnen und die Wange röten. Kamm, Schnabel und das Papierdrahtstück als Hals an der Rückseite fixieren, den Kehlsack an der Vorderseite.

2 Die Klammer bis zum Metalleinsatz weiß bemalen und einen schmalen gelben Randstreifen ziehen.

3 Den Kopf mit Heißkleber über das Halsstück an der Innenseite fixieren und einige Bastfäden über den Metalleinsatz setzen.

4 Die Flügel mit einem schmalen Falzstreifen an die Klammerseite kleben.

5 Die bunten Eier mit andersfarbigen Punkten versehen und mit einem Faden zu den Hennen hängen.

Nestchenklemmen

1 Je zwei Ohren aus weißem Fotokarton mit einem schmalen Falzstreifen auf den Kopf kleben und zusammen mit der Klammer nicht ganz bis zur Klammermitte in einer Farbe bemalen, den Rest andersfarbig. Dort nach dem Trocknen bunte Punkte aufsetzen.

2 Die Gesichtslinien ziehen. Die Halskrause aus Tonpapier umlegen, die Schnittflächen leicht übereinander legen und zusammenkleben.

3 Die Papierblüten aufkleben, einen bunten Mittelpunkt malen und die Wächter ins Nest stecken.

Elfen

→ niedliche Dekoklammern

MOTIVHÖHE
ca. 15 cm

MATERIAL
- 2 Holzwäscheklammern, 7 cm lang
- 2 Holzplatinen, ø 2 cm
- Fotokartonreste in Violett, Hellrosa, Rosa, Hellblau und Blau
- Tonpapierreste in Rosa, Violett, Türkis und Hellgrün
- Wellpappereste in Gelb und Orange
- Transparentpapierrest
- Acrylfarbe in Hautfarbe
- Motivlocher: kleine Blüte

VORLAGEN-BOGEN 2A

Beine ca 15 cm
Arme ca 10 cm
Haare ca 2x 18 cm

1 Die Holzplatine hautfarben bemalen und nach dem Trocknen das Gesichtchen gestalten.

2 Den Hut aufkleben und beidseitig die Wellpappekringel fixieren. Dafür einen schmalen Wellpappestreifen mit waagerechtem Rillenverlauf eng um ein Schaschlikstäbchen wickeln und kurz festhalten.

3 Das Papierdrahtstück als Hals an der Rückseite des Köpfchens fixieren. Die Halskrause aus Tonpapier fertigen, umlegen, die Schnittränder leicht übereinander legen und zusammenkleben. Auch die Blüte am Hut aus Tonpapier fertigen. Die Blütenmitte mit weißem Lackmalstift aufmalen.

4 Die Klammer mit dem Miederstreifen überkleben und den unteren Rand lose lassen. Die Punkte mit Filzstift aufmalen. Die Röckchenteile mit Mittelstreifen unter den losen Miederrand schieben und festkleben.

5 Das fertige Köpfchen mit Halsstück und Krause an die Klammer kleben. Arme und Beine aus Papierdraht an der Klammerrückseite fixieren und in Form biegen.

Bienchen

→ lustig

1 Mit Lackstift die Punkte auf die Transparentpapierflügel malen und diese auf die Körperseite kleben. Darüber den gelben Fotokarton mit aufgemalten Streifen setzen. Dem Bienenmännchen ein zusätzliches ovales Teil aufkleben.

2 Die Mundlinie zeichnen, die Augen mit Lackmalstift malen, Wangen und Nase leicht schattieren und das fertige Köpfchen mit Abstandsband aufkleben.

3 Dem Mädchen die Halskrause unterschieben und fixieren und die beiden Fühler aus Wellpappe. Dafür die schmalen Streifen mit waagerechtem Rillenverlauf eng um ein Schaschlikstäbchen wickeln

MOTIVHÖHE
ca. 4 cm

MATERIAL
- 2 Holzwäscheklammern, 4,5 cm lang
- Fotokartonreste in Gelb, Blau und Weiß
- Tonpapierrest in Hellblau
- Wellpapierreste in Gelb und Blau
- Transparentpapierrest in Weiß
- 4 Holzperlen in Gelb, ø 7 mm
- Leder- oder Rundriemen, ø 1,5 mm, 4 x 2 cm

VORLAGENBOGEN 2B

WEITERFÜHRUNG

Bienchen

und kurz festhalten. Dem Jungen den Hut mit einem Blümchen auf einem Wellpappestreifen aufsetzen.

4 Die Holzperlen mit etwas Klebstoff auf die Lederriemen schieben und in der Metallspirale (Junge) oder im Klammerinneren (Mädchen) fixieren.

5 Den Geldschein gefaltet, aufgerollt oder in einem kleinen Briefumschlag einklammern bzw. ein bunt umrahmtes Schild an die Bienchen klemmen.

Die Autorin

Pia Pedevilla lebt in Bruneck (Südtirol). Sie studierte Kunst in Gröden und Werbegrafik in Urbino. Seit Jahren ist sie im Bereich der Illustration und des Designs für Kinder tätig, entwirft Holz- und Stoffspielzeug, didaktische Spiele für Kinder im Vorschulalter, Lichtobjekte und Teppiche. Viele Jahre hat sie an der Grundschule mit Kindern gebastelt und gemalt. Außerdem leitet sie Fortbildungskurse für Lehrer, interessierte Erwachsene und Kinder. Im frechverlag hat sie mehrere Bücher über verschiedene Arbeitstechniken veröffentlicht.

www.piapedevilla.com

DIESES BUCH ENTHÄLT 2 VORLAGENBOGEN

IMPRESSUM

TEXT: Traudi Prenn
FOTOS: frechverlag GmbH, 70499 Stuttgart; Fotostudio Ullrich & Co., Renningen
DRUCK: frechdruck GmbH, 70499 Stuttgart

Auflage: 5. 4. 3. 2. 1.
Jahr: 2008 2007 2006 2005 2004 [Letzte Zahlen maßgebend]

ISBN 3-7724-3330-8
Best.-Nr. 3330